Μᾶρκος ὁ Μάγος

Comprehensible Greek
II

Level B

Extensive Reading Foundation Scale: Beginner Early

Beginner				Elementary			Intermediate		
Alphabet	Early	Mid	High	Early	Mid	High	Early	Mid	High
50	100	200	300	400	600	800	1000	1250	1500

This book has 61 headwords (6 cognates and 10 proper nouns),
158 word forms, and 1574 total words.

Μᾶρκος ὁ Μάγος

(Markos ho Magos)

A Greek Novella

Translated and Adapted by

John Foulk

Illustrated by

Chloe Deeley

Based on *Marcus Magulus: A Latin Novella*, by
Lance Piantaggini

STORYBASE
• BOOKS •

Published by Storybase Books
Peachtree Corners, GA

www.storybasebooks.com

Publisher's Cataloging-in-Publication Data
(Provided by Cassidy Cataloguing Services, Inc.)

NAMES: Foulk, John, author. | Deeley, Chloe, illustrator. | Based on (work):
Piantaggini, Lance. Marcus magulus. Greek
TITLE: Μᾶρκος ὁ Μάγος (Markos ho Magos) : a Greek novella / translated and
adapted by John Foulk ; illustrated by Chloe Deeley.
OTHER TITLES: Markos ho Magos
DESCRIPTION: Peachtree Corners, GA : Storybase Books, [2025] |
Series: Comprehensible Greek ; 2. |
Audience: Greek language learners. |
"Based on Marcus Magulus: a Latin novella, by Lance Piantaggini."
IDENTIFIERS: LCCN: 2025945835 | ISBN: 9781963471809 (PAPERBACK) |
9781963471816 (EBOOK)
SUBJECTS: LCSH: Greek language—Readers. |
Greek language—Study and teaching. | Magicians—Fiction. |
Romans—Egypt—Fiction. | Egypt—History—30 B.C.-640 A.D.—Fiction. |
Great Sphinx (Egypt)—Fiction. |
BISAC: LANGUAGE STUDY / Ancient Languages. |
LANGUAGE ARTS & DISCIPLINES / Readers.
FOREIGN LANGUAGE STUDY / Ancient Languages. |
LANGUAGE ARTS & DISCIPLINES / Readers.
CLASSIFICATION: LCC: PA260 .F68 2025 | DDC: 488.6/421—DC23

Contents

Προοίμιον

This novella is a translation of Lance Piantaggini's Marcus Magulus into Koine Greek. I have sought to imitate the style of the narrative passages of the New Testament. Any constructions that I use that are atypical of Attic Greek are nonetheless attested in the New Testament and other Koine authors (e.g., Plutarch).

I would like to thank Lance for entrusting me with translating his original Latin novella. I would also like to thank Seumas Macdonald, Claire Mieher, and Andrew Morehouse for their feedback. Any errors that remain are my own. Lastly, I would like to thank Brian Gronewoller for this opportunity and for his enthusiasm for expanding the number of Ancient Greek novellas.

John Foulk
Atlanta, GA
August 11th, 2025

Α´
Μᾶρκος

Μᾶρκος Ῥωμαῖός ἐστιν.

ἀλλ᾽ οὐκ ἔστι **τῶν τυχόντων Ῥωμαίων**·[1]

μάγος[2] γάρ ἐστιν.

---

[1] **τῶν τυχόντων Ῥωμαίων** *of the ordinary Romans (i.e., an ordinary Roman)*

[2] **μάγος** *a mage (i.e., wizard, sorcerer)*

οἱ **δὲ**[3] μάγοι τῶν τυχόντων οὐκ εἰσίν.

ὁ δὲ Μᾶρκος οὐ θέλει τῶν τυχόντων εἶναι.

καὶ χαίρει ὅτι μάγος ἐστίν.

φανερὸς[4] δέ ἐστιν ὁ Μᾶρκος ὁ μάγος.

ἄλλοτε μὲν οὖν βούλεται ὁ Μᾶρκος **λανθάνειν**·[5]

ἄλλοτε δὲ[6] βούλεται **παρορᾶσθαι**.[7]

ἀλλὰ χαίρει ὅτι μάγος ἐστίν.

καὶ χαίρει ἐπὶ **τοῖς μαγικοῖς φαρμάκοις**.[8]

---

[3] **δὲ** *and; but (**δὲ** is postpositive, which means that it never appears as the first word in a sentence; it indicates a connection with the previous phrase and is often not translated.)*

[4] **φανερός** *conspicuous (i.e., attracting attention)*

[5] **λανθάνειν** *to be unseen, unnoticed, invisible*

[6] **ἄλλοτε μὲν** . . . **ἄλλοτε δὲ** *sometimes . . . sometimes*

[7] **παρορᾶσθαι** *to be ignored*

[8] **τοῖς μαγικοῖς φαρμάκοις** *magical medicine*

καὶ χαίρει ὅτι **προσφέρει**[9] τὰ φάρμακα.

προσφέρει οὖν **τοῖς** τε **Ῥωμαίοις**[10] καὶ **τοῖς Αἰγυπτίοις**[11] τὰ μαγικὰ φάρμακα·

οἱ Ῥωμαῖοί

οἱ Αἰγύπτιοι

φιλάνθρωπος[12] γάρ ἐστιν.

---

9 **προσφέρει** *he offers*
10 **τοῖς . . . Ῥωμαίοις** *to the Romans*
11 **τοῖς Αἰγυπτίοις** *to the Egyptians*
12 **φιλάνθρωπος** *kind*

Β΄

Ἀλεξάνδρεια

ἐν δὲ Ῥώμῃ **ἦσαν**[1] μὲν ὅ τε Μᾶρκος καὶ **οἱ γονεῖς**.[2]

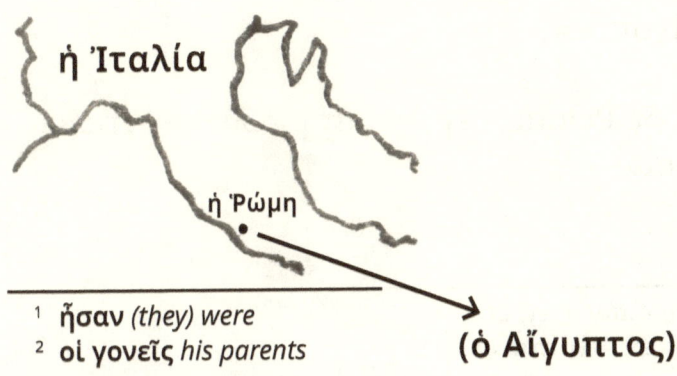

ἡ Ἰταλία

ἡ Ῥώμη

---

[1] **ἦσαν** *(they) were*
[2] **οἱ γονεῖς** *his parents*

(ὁ Αἴγυπτος)

νῦν δέ **εἰσιν**[3] ἐν Ἀλεξανδρείᾳ ὅ τε Μᾶρκος καὶ οἱ γονεῖς.

ἡ Ἀλεξάνδρεια

ὁ Αἴγυπτος

ἡ δὲ Ἀλεξάνδρεια **ἐν Αἰγύπτῳ**[4] ἐστίν.

εἰσὶ δὲ ἐν Αἰγύπτῳ Ῥωμαῖοί τε καὶ Αἰγύπτιοι.

οἱ δὲ Ῥωμαῖοι ἐν Αἰγύπτῳ τῶν τυχόντων εἰσίν·

---

[3] **εἰσιν** *(they) are*
[4] **ἐν Αἰγύπτῳ** *in Egypt*

οἱ μὲν γὰρ **τυχόντες Ῥωμαῖοι**[5] μάγοι οὐκ εἰσίν·

οἱ δὲ γονεῖς τοῦ Μάρκου μάγοι εἰσίν.

καὶ ὁ Μᾶρκος μάγος ἐστίν.

ἄλλοτε δὲ[6] βούλεται ὁ Μᾶρκος παρορᾶσθαι.

ἀλλ' οὐ παρορῶσιν οἵ τε Ῥωμαῖοι καὶ οἱ Αἰγύπτιοι τὸν Μᾶρκον·

«οὗτός ἐστι Μᾶρκος.»

---

[5] **τυχόντες Ῥωμαῖοι** *ordinary Romans*
[6] **ἄλλοτε δὲ** *sometimes*

οὐ γὰρ **λανθάνει**[7] ὁ Μᾶρκος τούς τε Ῥωμαίους καὶ τοὺς Αἰγυπτίους·

φανερὸς[8] γάρ ἐστιν·

Ῥωμαῖος γὰρ ἐν Αἰγύπτῳ ἐστίν.

---

[7]   **οὐ λανθάνει** *is not invisible to (them)*
[8]   **φανερὸς** *conspicuous (i.e., attracting attention)*

οἱ δὲ Αἰγύπτιοι **οὐ παρορῶσι**[9] τοὺς Ῥωμαίους·

ἐν Αἰγύπτῳ γὰρ οἱ Ῥωμαῖοι φανεροί εἰσιν.

Ῥωμαῖος δὲ ἐν Αἰγύπτῳ **ὢν**[10] ὁ Μᾶρκος οὐ λανθάνει, ἀλλὰ φανερός τέ ἐστι καὶ μάγος.

οἱ δὲ τυχόντες Ῥωμαῖοι οὐ παρορῶσι τοὺς μάγους·

φανεροὶ γάρ εἰσιν οἱ μάγοι.

---

[9] **οὐ παρορῶσι** *(they) don't ignore*
[10] **ὢν** *being (i.e., being a Roman in Egypt . . .)*

φανερῶς[11] δὲ οὐ χαίρουσιν οἵ τε τυχόντες Ῥωμαῖοι καὶ οἱ Αἰγύπτιοι ἐπὶ τοῖς Ῥωμαίοις μάγοις.

ἄλλοτε δὲ λανθάνειν μὲν βούλεται ὁ Μᾶρκος ἐν Ἀλεξανδρείᾳ·

φιλάνθρωπος δέ ἐστιν.

νῦν δὲ **ἐν τῇ κατὰ Ἀλεξάνδρειαν βιβλιοθήκῃ**[12] θέλει **προσενεγκεῖν**[13] τοῖς τε Ῥωμαίοις καὶ τοῖς Αἰγυπτίοις τὰ μαγικὰ φάρμακα.

---

[11] **φανερῶς** *openly (i.e., in public)*

[12] **ἐν τῇ κατὰ Ἀλεξάνδρειαν βιβλιοθήκῃ** *in the Library at Alexandria (i.e., in the Library of Alexandria)*

[13] **προσενεγκεῖν** *to offer*

Μᾶρκος ὁ ἐν Αἰγύπτῳ

Here is what we know about Markos, his family, and his experience in Egypt so far:

Μᾶρκος
- ✓ μάγος Ῥωμαῖός ἐστιν
- ✓ τῶν τυχόντων οὔκ ἐστιν
- ✓ οὐ θέλει τῶν τυχόντων εἶναι
- ✓ χαίρει ὅτι μάγος ἐστίν
- ✓ φανερός ἐστι μάγος ὤν
- ✓ ἄλλοτε βούλεται λανθάνειν
- ✓ ἄλλοτε βούλεται παρορᾶσθαι
- ✓ προσφέρει τοῖς τε Ῥωμαίοις καὶ τοῖς Αἰγυπτίοις τὰ μαγικὰ φάρμακα
- ✓ φιλάνθρωπός ἐστι

Μάρκου γονεῖς
- ✓ ἐν Ῥώμῃ ἦσαν
- ✓ ἐν Ἀλεξανδρείᾳ νῦν εἰσι
- ✓ μάγοι εἰσὶν

ἐν Αἰγύπτῳ
- ✓ ἔστιν ἡ Ἀλεξάνδρεια
- ✓ εἰσὶ Ῥωμαῖοί τε καὶ Αἰγύπτιοι
- ✓ οὐκ εἰσὶ μάγοι Ῥωμαῖοι
- ✓ οἱ Ῥωμαῖοι τῶν τυχόντων εἰσὶ
- ✓ παρορῶσιν οἵ τε Ῥωμαῖοι καὶ οἱ Αἰγύπτιοι τὸν Μᾶρκον
- ✓ οὐ παρορῶσιν οἱ Αἰγύπτιοι τοὺς Ῥωμαίους
- ✓ οὐ παρορῶσιν οἱ τυχόντες Ῥωμαῖοι τοὺς μάγους
- ✓ φανερῶς οὐ χαίρουσιν οἵ τε τυχόντες Ῥωμαῖοι καὶ οἱ Αἰγύπτιοι ἐπὶ τοῖς μάγοις

Γ΄
ἡ κατὰ Ἀλεξάνδρειαν βιβλιοθήκη

νῦν δὲ ὁ Μᾶρκος ἐν τῇ κατὰ Ἀλεξάνδρειαν βιβλιοθήκῃ ἐστίν.

εἰσὶ δέ τινές τε τυχόντες Ῥωμαῖοι καὶ
Αἰγύπτιοι ἐν τῇ κατὰ Ἀλεξάνδρειαν
βιβλιοθήκῃ.

προσφέρει δὲ ὁ Μᾶρκος τοῖς τε Ῥωμαίοις καὶ
τοῖς Αἰγυπτίοις τὰ μαγικὰ φάρμακα.

λέγει δὲ **Ῥωμαῖός τις**·[1]

«μάγος ἐν τῇ κατὰ
      Ἀλεξάνδρειαν βιβλιοθήκῃ;

«τῶν τυχόντων οἱ μάγοι
οὐκ εἰσίν.

«**ὔπαγε**,[2] μάγε.»

λέγει δὲ Αἰγύπτιός τις·

«Ῥωμαῖος ἐν τῇ κατὰ
Ἀλεξάνδρειαν βιβλιοθήκῃ;

«ὔπαγε, Ῥωμαῖε.»

---

[1] **Ῥωμαῖός τις** *a certain Roman (i.e., a Roman)*
[2] **ὔπαγε** *go away!*

φανερῶς μὲν οὐ χαίρουσιν οἱ τυχόντες Ῥωμαῖοι ἐπὶ τοῖς μάγοις . . .

καὶ φανερῶς οὐ χαίρουσιν οἱ Αἰγύπτιοι ἐπὶ τοῖς Ῥωμαίοις·

λάθρᾳ[3] δὲ χαίρουσιν οἵ τε Ῥωμαῖοι καὶ οἱ Αἰγύπτιοι ἐπὶ τοῖς μαγικοῖς φαρμάκοις τοῦ Μάρκου.

ὁ δὲ Μᾶρκος μάγος τε καὶ Ῥωμαῖος ὢν φανερός ἐστι.

λάθρᾳ δὲ βούλεται λανθάνειν μὲν ἐν Ἀλεξανδρείᾳ·

φιλάνθρωπος δέ ἐστιν.

---

[3] **λάθρᾳ** secretly

 νῦν δὲ προσφέρει ὁ Μᾶρκος τοῖς τε Ῥωμαίοις καὶ τοῖς Αἰγυπτίοις τὰ μαγικὰ φάρμακα . . .

. . . ἐπὶ **τῷ Νείλῳ**.[4]

ἡ Ἀλεξάνδρεια

ἡ Νεῖλος

---

[4] **τῷ Νείλῳ** the Nile (River)

Δ´
ὁ Νεῖλος ποταμός

ἐν Αἰγύπτῳ δὲ ὁ Μᾶρκος φανερός ἐστιν.

ἄλλοτε δὲ βούλεται μὲν παρορᾶσθαι·

χαίρει δὲ ὅτι φιλάνθρωπος μάγος ἐστίν.

νῦν δὲ ὁ Μᾶρκός ἐστιν ἐπὶ τῷ Νείλῳ
ποταμῷ.[1]

---
[1] **ποταμῷ** *river*

φανερῶς οὖν προσφέρει
τοῖς τε Ῥωμαίοις καὶ τοῖς
Αἰγυπτίοις τὰ μαγικὰ
φάρμακα.

λέγει δὲ Ῥωμαία τις·

«μάγος ἐπὶ τῷ Νείλῳ
ποταμῷ;

«οἱ μάγοι τῶν τυχόντων
οὐκ εἰσίν.

«ὕπαγε.»

λέγει δὲ Αἰγυπτία τις·

«Ῥωμαῖος ἐπὶ
τῷ Νείλῳ ποταμῷ;

«ὕπαγε.»

οἱ δὲ τυχόντες Ῥωμαῖοι φανερῶς μὲν οὐ
χαίρουσιν ἐπὶ τοῖς μάγοις.

καὶ φανερῶς οὐ χαίρουσιν οἱ Αἰγύπτιοι ἐπὶ τοῖς Ῥωμαίοις·

λάθρᾳ δὲ χαίρουσιν οἵ τε Ῥωμαῖοι καὶ οἱ Αἰγύπτιοι ἐπὶ τῷ Μάρκῳ.

ὁ δὲ Μᾶρκος μάγος τε καὶ Ῥωμαῖός ἐστιν.

καὶ φανερός ἐστιν ἐπὶ τῷ Νείλῳ ποταμῷ.

λέγει δὲ ὁ Μᾶρκος·

«εἰσὶν ἐν Ἀλεξανδρείᾳ οἱ
τυχόντες Ῥωμαῖοι.

«ἀλλ᾽ οὐκ εἰμὶ τῶν
τυχόντων.

«φανερὸς μὲν οὖν εἰμι ἐν Ἀλεξανδρείᾳ·

«λανθάνειν δὲ βούλομαι τούς τε Ῥωμαίους
καὶ τοὺς Αἰγυπτίους.

«καὶ παρορᾶσθαι βούλομαι . . .»

οἱ δὲ τοῦ Μάρκου **γονεῖς**[2] νῦν εἰσιν ἐπὶ τῷ Νείλῳ ποταμῷ.

---

[2] **γονεῖς** *parents*

Ε´
γονεῖς

φανερῶς δὲ οὐ χαίρουσιν οἵ τε Ῥωμαῖοι καὶ οἱ Αἰγύπτιοι ἐπὶ τοῖς Ῥωμαίοις μάγοις.

ἄλλοτε οὖν λάθρα βούλεται ὁ Μᾶρκος ἐν Ἀλεξανδρείᾳ παρορᾶσθαι.

λέγει δὲ ὁ Μᾶρκος·

«βούλομαι, **γονεῖς**,[1] τούς τε Ῥωμαίους λανθάνειν καὶ τοὺς Αἰγυπτίους.»

λέγουσι δὲ οἱ γονεῖς·

«**οὐκ ἐσμὲν**,[2] Μᾶρκε, τῶν τυχόντων Ῥωμαίων.

---

[1] **γονεῖς** *o parents*
[2] **οὐκ ἐσμὲν** *we are not*

«ἀλλὰ μάγοι ἐσμὲν καὶ μάγος εἶ.[3]

«καὶ φιλάνθρωποί ἐσμεν, τὰ μαγικὰ φάρμακα προσφέροντες.

«θέλεις δὲ τῶν τυχόντων Ῥωμαίων εἶναι;

«οἱ τυχόντες Ῥωμαῖοι οὐ προσφέρουσι τὰ μαγικὰ φάρμακα.»

ἀλλ’ οὐ θέλει ὁ Μᾶρκος τῶν τυχόντων εἶναι·

χαίρει γὰρ ὅτι φιλάνθρωπος μάγος ἐστίν.

καὶ χαίρει ὅτι προσφέρει τὰ μαγικὰ φάρμακα.

ἄλλοτε δὲ βούλεται τούς τε Ῥωμαίους λανθάνειν καὶ τοὺς Αἰγυπτίους.

---

[3] **εἶ** *you are*

νῦν δὲ λάθρᾳ οὐ θέλει ἐν Ἀλεξανδρείᾳ εἶναι·

φιλάνθρωπος γὰρ ὢν βούλεται τὰ μαγικὰ φάρμακα προσφέρειν ἐν Αἰγύπτῳ, ἀλλ' οὐκ ἐν Ἀλεξανδρείᾳ.

νῦν δὲ βούλεται προσενεγκεῖν τοῖς τε Ῥωμαίοις καὶ τοῖς Αἰγυπτίοις τὰ μαγικὰ φάρμακα . . .

. . . **πρὸς τῇ Χέοπος πυραμίδι.**[4]

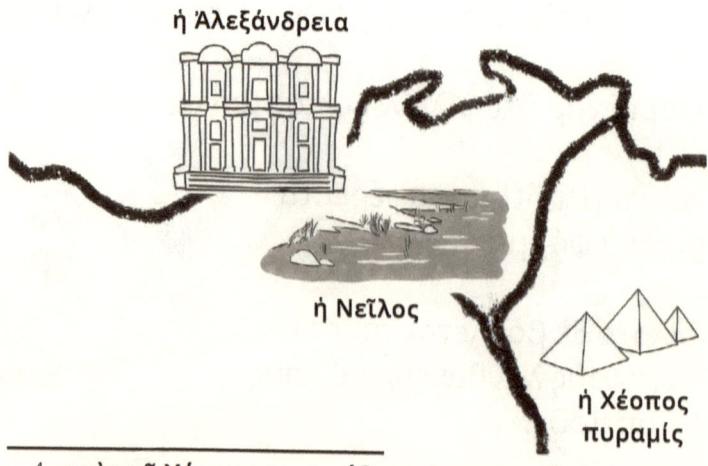

ἡ Ἀλεξάνδρεια

ἡ Νεῖλος

ἡ Χέοπος πυραμίς

---

[4] **πρὸς τῇ Χέοπος πυραμίδι** *at the pyramid of Khufu (i.e., the Great Pyramid of Giza)*

Μᾶρκος ὁ ἐν Αἰγύπτῳ

Here is what we have learned about Markos, his family, and his experience in Egypt:

Μᾶρκος
- ✓ προσφέρει τοῖς τε Ῥωμαίοις καὶ τοῖς Αἰγυπτίοις τὰ μαγικὰ φάρμακα
- ✓ φανερός ἐστιν
- ✓ ἄλλοτε παρορᾶσθαι βούλεται
- ✓ χαίρει ὅτι φιλάνθρωπος μάγος ἐστίν
- ✓ βούλεται τούς τε Ῥωμαίους λανθάνειν καὶ τοὺς Αἰγυπτίους
- ✓ οὐ βούλεται τῶν τυχόντων εἶναι
- ✓ χαίρει ὅτι τὰ μαγικὰ προσφέρει φάρμακα
- ✓ λάθρᾳ οὐ βούλεται ἐν Ἀλεξανδρείᾳ εἶναι

Μάρκου γονεῖς
- ✓ τῶν τυχόντων Ῥωμαίων οὔκ εἰσὶ
- ✓ φιλάνθρωποι Ῥωμαῖοί εἰσιν

ἐν Αἰγύπτῳ

- ✓ ἔστιν ἡ κατὰ Ἀλεξάνδρειαν βιβλιοθήκη
- ✓ φανερῶς οὐ χαίρουσιν οἱ τυχόντες Ῥωμαῖοι ἐπὶ τοῖς μάγοις
- ✓ φανερῶς οὐ χαίρουσιν οἱ Αἰγύπτιοι ἐπὶ τοῖς Ῥωμαίοις
- ✓ λάθρᾳ χαίρουσιν οἵ τε Ῥωμαῖοι καὶ οἱ Αἰγύπτιοι ἐπὶ τοῖς μαγικοῖς φαρμάκοις τοῦ Μάρκου
- ✓ ἔστιν ὁ Νεῖλος ποταμός
- ✓ λάθρᾳ χαίρουσιν οἵ τε Ῥωμαῖοι καὶ οἱ Αἰγύπτιοι ἐπὶ τῷ Μάρκῳ

ϛʹ

ἡ Χέοπος πυραμίς

εἰσὶ δὲ πρὸς τῇ Χέοπος πυραμίδι Ῥωμαῖοί τινές τε καὶ Αἰγύπτιοι.

προσφέρει δὲ φανερῶς ὁ
Μᾶρκος τοῖς τε Ῥωμαίοις καὶ τοῖς
Αἰγυπτίοις τὰ μαγικὰ φάρμακα.

λέγει δὲ Ῥωμαία τις·

«μάγος τις τὰ μαγικὰ
φάρμακα προσφέρει;

«τῶν τυχόντων οὐκ ἔστι τὰ μαγικὰ φάρμακα.

«ὕπαγε.»

λέγει δὲ Αἰγυπτία τις·

«Ῥωμαῖος πρὸς τῇ
Χέοπος πυραμίδι;

«ὕπαγε, Ῥωμαῖε.»

φανερῶς μὲν οὖν οὐ χαίρουσιν οἵ τε Ῥωμαῖοι καὶ οἱ Αἰγύπτιοι ἐπὶ τῷ Μάρκῳ·

λάθρᾳ δὲ χαίρουσιν οἵ τε Ῥωμαῖοι καὶ οἱ Αἰγύπτιοι ἐπὶ τοῖς μαγικοῖς φαρμάκοις τοῦ Μάρκου.

καὶ λάθρᾳ χαίρουσιν ἐπὶ τῷ Μάρκῳ οἵ τε Ῥωμαῖοι καὶ οἱ Αἰγύπτιοι.

χαίρει δὲ ὁ Μᾶρκος ὅτι μάγος ἐστίν.

νῦν δὲ βούλεται τούς τε Ῥωμαίους λανθάνειν
καὶ τοὺς Αἰγυπτίους.

ἔστι δὲ **Σφίγξ**[1] ἐν Αἰγύπτῳ.

 φιλάνθρωπος δὲ ὢν θέλει νῦν
ὁ Μᾶρκος προσενεγκεῖν τοῖς τε
Ῥωμαίοις καὶ τοῖς Αἰγυπτίοις τὰ
μαγικὰ φάρμακα . . .

. . . πρὸς τῇ Σφιγγί.

ἡ Ἀλεξάνδρεια

ἡ Νεῖλος

ἡ Χέοπος
πυραμίς

ἡ Σφίγξ

---

[1] **Σφίγξ** *a Sphinx*

Ζ΄
ἡ Σφίγξ

νῦν δὲ ὁ Μᾶρκός ἐστι πρὸς τῇ Σφιγγί.

ἀλλ’ οὐκ εἰσὶ Ῥωμαῖοί τε Αἰγύπτιοι πρὸς τῇ Σφιγγί.

οὐκ οὖν προσφέρει ὁ Μᾶρκος τὰ μαγικὰ
φάρμακα.

ἀλλὰ τῶν τυχόντων οὔκ ἐστιν ἡ Σφίγξ·

μαγικὴ γάρ ἐστιν ἡ Σφίγξ.

λέγει δὲ ἡ Σφίγξ·

«σὺ μάγος
Ῥωμαῖος εἶ;»

λέγει δὲ ὁ Μᾶρκος·

«εἰμί.»

ὁ μὲν οὖν Μᾶρκος παρορᾶσθαι βούλεται, ἡ δὲ Σφίγξ οὐ παρορᾷ τὸν Μᾶρκον.

λέγει δὲ ἡ Σφίγξ·

«χαίρεις ἐπὶ **τοῖς αἰνίγμασιν;**»[1]

ἐπὶ δὲ τοῖς αἰνίγμασιν οὐ χαίρει ὁ Μᾶρκος.

καὶ βούλεται τὴν Σφίγγα **παρορᾶν.**[2]

---

[1] **τοῖς αἰνίγμασιν** *riddles*
[2] **παρορᾶν** *to ignore*

λέγει δὲ ὁ Μᾶρκος·

«οὐ χαίρω ἐπὶ τοῖς αἰνίγμασιν.»

ἡ δέ·
«ἀλλὰ μάγος εἶ.

«καὶ χαίρουσιν οἱ μάγοι ἐπὶ τοῖς αἰνίγμασιν.»

ὁ δέ·
«μάγος εἰμί.

«ἀλλ' οὐκ ἐπὶ τοῖς αἰνίγμασι χαίρω, ἀλλὰ χαίρω ὅτι προσφέρω τὰ μαγικὰ φάρμακα.»

ἡ δέ·
«σὺ φιλάνθρωπος μάγος εἶ;»

ὁ δέ· «φιλάνθρωπός εἰμι.

«προσφέρω γὰρ τοῖς τε Ῥωμαίοις καὶ τοῖς Αἰγυπτίοις τὰ μαγικὰ φάρμακα.

«φανερῶς δὲ οὐ χαίρουσιν οἵ τε Ῥωμαῖοι καὶ οἱ Αἰγύπτιοι ἐπὶ τοῖς μάγοις.»

ἡ δέ· «λανθάνειν οὖν βούλει.

«τῶν τυχόντων δὲ οὐκ εἰμί, ἀλλὰ μαγική εἰμι.

«καὶ φιλάνθρωπός εἰμι.

«θέλω οὖν προσενεγκεῖν . . .»

ὁ δέ·
«ἄλλοτε μὲν λανθάνειν
βούλομαι, ἀλλ᾽ οὐ νῦν.»

ἡ δέ·
«θέλω σοι, μάγε,
εἰπεῖν αἴνιγμά τι.»

ἡ μὲν Σφίγξ λέγει τῷ Μάρκῳ αἴνιγμα.

ὁ δὲ Μᾶρκος οὐ θέλει τὸ αἴνιγμα.

νῦν δὲ οὐ χαίρει ἐπὶ τῇ Σφιγγί·

παρορᾶσθαι γὰρ βούλεται.

ἡ δὲ Σφίγξ οὐ παρορᾷ τὸν Μᾶρκον.

θέλει δὲ λάθρᾳ ὁ Μᾶρκος τοὺς γονεῖς.

ἐν Ἀλεξανδρείᾳ δὲ ἦσαν μὲν οἱ τοῦ Μάρκου
γονεῖς.

εἰσὶ δὲ νῦν οἱ τοῦ Μάρκου γονεῖς . . .

. . . πρὸς τῇ Σφιγγί.

Η´
τὸ λανθάνειν

λέγει δὲ ὁ Μᾶρκος·

«ἐν Ῥώμῃ μὲν, γονεῖς,
ἤμην[1] τῶν τυχόντων.

«ἐν Αἰγύπτῳ δὲ νῦν φανερός εἰμι.

«ἄλλοτε μὲν οὖν βούλομαι τούς τε Ῥωμαίους
λανθάνειν καὶ τοὺς Αἰγυπτίους.

«ἄλλοτε δὲ βούλομαι παρορᾶσθαι.»

---

[1] **ἤμην** *I was*

λέγουσι δὲ οἱ γονεῖς·

«οὐκ ἐσμέν, Μᾶρκε, τῶν τυχόντων.

«φανεροὶ γάρ ἐσμεν ἐν Αἰγύπτῳ.

«φανερῶς δὲ οὐ χαίρουσι μὲν οἵ τε Ῥωμαῖοι
καὶ οἱ Αἰγύπτιοι ἐπὶ τοῖς μάγοις·

«φιλάνθρωποι δέ ἐσμεν.»

θέλουσι δὲ φανερῶς μὲν νῦν οἱ γονεῖς τῇ
Σφιγγὶ εἰπεῖν αἴνιγμά τι·

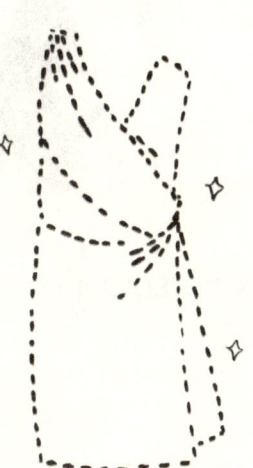

λάθρᾳ δὲ προσφέρουσι τῷ
Μάρκῳ **ἱμάτιόν**[2] τι.

τὸ δὲ ἱμάτιον οὐκ ἔστι τῶν
τυχόντων·

μαγικὸν γάρ ἐστι τὸ
ἱμάτιον.

λάθρᾳ δὲ προσφέρουσιν οἱ γονεῖς τῷ Μάρκῳ
τὸ μαγικὸν ἱμάτιον τὸ λανθάνον.

ἐν οὖν τῷ μαγικῷ ἱματίῳ νῦν λανθάνει ὁ
Μᾶρκος.

ἡ οὖν Σφίγξ παρόψεται τὸν ἐν τῷ μαγικῷ
ἱματίῳ Μᾶρκον.

---

[2] **ἱμάτιόν** *cloak*

οἱ δὲ γονεῖς νῦν λέγουσι τῇ Σφιγγὶ αἴνιγμά τι.

λέγουσι δὲ οἱ γονεῖς·

«εἰσὶ, Σφίγξ, Ῥωμαῖοί τε καὶ Αἰγύπτιοι.

«φανερῶς μὲν παρορῶσι τοὺς μάγους·

«λάθρᾳ δὲ θέλουσι τὰ μαγικὰ φάρμακα.

«ἐσμὲν δὲ μάγοι καὶ θέλομέν σοι εἰπεῖν αἴνιγμά τι . . .»

λέγει δὲ ἡ Σφίγξ·

«αἴνιγμά τι λέγετε;

«ἐπὶ τοῖς αἰνίγμασι χαίρω.»

λέγουσι δὲ οἱ γονεῖς·

«οἵ τε Ῥωμαῖοι καὶ οἱ Αἰγύπτιοι . . .

«βούλονται λάθρᾳ τῶν τυχόντων εἶναι;

«βούλονται δὲ φανερῶς εἶναι φιλάνθρωποι;

«λανθάνουσιν δὲ οἱ μαγικοί;

«φανεροὶ δὲ οἱ παρορῶντές εἰσιν;»

χαίρει δὲ ἡ Σφίγξ ἐπὶ τῷ αἰνίγματι;

παρορᾷ δὲ ἡ Σφίγξ τοὺς γονεῖς;

λανθάνει δὲ ὁ Μᾶρκος;

Αἰνίγματα

Post-Reading Discussion Questions

Riddles are supposed to be challenging, yet many people find them too frustrating to solve! The riddle that Markos' parents offer the Sphinx is certainly confusing. Below, you'll find the pairs of words used in the riddle:

λάθρᾳ + τῶν τυχόντων

φανερῶς + φιλάνθρωποι

λανθάνουσιν + μαγικοί

φανεροί + οἱ παρορῶντες

1) Do you think the pairs of words are intended to be opposites, or contrasting ideas? Why?

2) If you could rearrange the words in the riddle into new pairs, what would they be? Why?

3) What do you think Markos' parents are trying to say about people? Why?

The book ends with three questions. It could be said that these questions share something in common about one's nature or character . . .

1) Why might the Sphinx like, or dislike, the riddle?

2) Do you think the Sphinx could ignore the riddle? Why?

3) Do you think Markos is invisible? If so, to whom? Why?

τὸ Λεξικόν

Punctuation
«   "
»   "
·   *: or ;*
;   *?*

Numbers
Α΄   *one*
Β΄   *two*
Γ΄   *three*
Δ΄   *four*
Ε΄   *five*
Ϛ΄   *six*
Ζ΄   *seven*
Η΄   *eight*

Α[1]
Α΄ *one*
Αἰγυπτία *an Egyptian*
    Αἰγυπτία τις *a certain Egyptian (i.e., an Egyptian)*
Αἰγύπτιοι *Egyptians*
Αἰγυπτίοις *to Egyptians; Egyptians*

---

[1] Definitions are given according to a word's meaning in this book. For example, the form ποταμῷ is defined as "river" because it only appears after a preposition: ἐπὶ τῷ Νείλῳ ποταμῷ ("at the Nile River").

τοῖς Αἰγυπτίοις *to the Egyptians*
τοῖς τε Ῥωμαίοις καὶ τοῖς Αἰγυπτίοις *to both the Romans and the Egyptians*
Αἰγύπτιος *an Egyptian*
Αἰγυπτίους *Egyptians*
Αἴγυπτος *Egypt*
Αἰγύπτῳ *Egypt*
ἐν Αἰγύπτῳ *in Egypt*
Ῥωμαῖος δὲ ἐν Αἰγύπτῳ ὢν *being a Roman in Egypt*
αἴνιγμα *riddle*
αἴνιγμά τι *a certain riddle (i.e., a riddle)*
αἰνίγμασι *riddles*
αἰνίγμασιν *riddles*
ἐπὶ δὲ τοῖς αἰνίγμασιν οὐ χαίρει ὁ Μᾶρκος *Markos doesn't take pleasure in riddles, Markos doesn't like riddles*
χαίρεις ἐπὶ τοῖς αἰνίγμασιν; *Do you take pleasure in riddles? Do you enjoy riddles?*
αἰνίγματα *riddles*
αἰνίγματι *riddle*
χαίρει δὲ ἡ Σφίγξ ἐπὶ τῷ αἰνίγματι; *Does the Sphinx take pleasure in the riddle? Does the Sphinx like the riddle?*
Ἀλεξάνδρεια *Alexandria*
Ἀλεξανδρείᾳ *Alexandria*
Ἀλεξάνδρειαν *Alexandria*
ἐν τῇ κατὰ Ἀλεξάνδρειαν βιβλιοθήκῃ *in the Library at Alexandria (i.e., in the Library of Alexandria)*
ἀλλ' *but*
ἀλλ' οὐκ ἔστι τῶν τυχόντων Ῥωμαίων *but he isn't an ordinary Roman*
ἀλλά *but*

ἀλλὰ χαίρει ὅτι μάγος ἐστίν *but he is glad that he is a mage,*
but he likes that he is a mage
ἄλλοτε *sometimes*
ἄλλοτε μὲν . . . ἄλλοτε δὲ *sometimes . . . sometimes*
ἄλλοτε οὖν *therefore sometimes*

Β
Β΄ *two*
βιβλιοθήκη *library*
βιβλιοθήκη *library*
ἐν τῇ κατὰ Ἀλεξάνδρειαν βιβλιοθήκῃ *in the Library at*
Alexandria (i.e., in the Library of Alexandria)
βούλει *you want, prefer*
βούλεται *wants, is wanting, prefers, is preferring*
βούλεται τὰ μαγικὰ φάρμακα προσφέρειν *he wants to offer*
magical medicine, he prefers to offer magical medicine
βούλεται τὴν Σφιγγὰ παρορᾶν *he wants to ignore the Sphinx*
βούλομαι *I want, prefer*
βούλομαι, γονεῖς *I prefer, o parents!*
βούλονται *they want, prefer*

Γ
Γ΄ *three*
γάρ *for, because*
μαγικὴ γάρ ἐστιν ἡ Σφίγξ *because the Sphinx is magical*
φιλάνθρωπος γάρ ἐστιν *for he is kind*
γονεῖς *parents; o parents!*
βούλομαι, γονεῖς *I want, o parents!*
οἱ δὲ τοῦ Μάρκου γονεῖς *the parents of Markos*
οἱ τοῦ Μάρκου γονεῖς *the parents of Markos*

Δ

Δ΄ *four*

δέ *and; but (δέ is postpositive, which means that it never appears as the first word in a sentence; it indicates a connection with the previous phrase and is often not translated)*

    ἄλλοτε μὲν . . . ἄλλοτε δὲ *sometimes . . . sometimes*

    ἐν δὲ Ῥώμῃ ἦσαν *they were in Rome*

    ἡ δὲ Ἀλεξάνδρεια ἐν Αἰγύπτῳ ἐστίν *Alexandria is in Egypt*

    νῦν δέ εἰσιν ἐν Ἀλεξανδρείᾳ *but now they are in Alexandria*

    οἱ δὲ Αἰγύπτιοι οὐ παρορῶσι τοὺς Ῥωμαίους *and the Egyptians don't ignore the Romans*

Ε

Ε΄ *five*

εἶ *you are*

    καὶ μάγος εἶ *and you are a mage*

    σὺ μάγος Ῥωμαῖος εἶ; *Are you a Roman mage?*

εἰμί *I am*

εἶναι *to be*

    οὐ θέλει ἐν Ἀλεξανδρείᾳ εἶναι *he doesn't want to be in Alexandria*

    οὐ θέλει τῶν τυχόντων εἶναι *he doesn't want to be ordinary*

εἰπεῖν *to tell, say*

    θέλομέν σοι εἰπεῖν αἴνιγμά τι *we want to tell you a riddle*

    σοι εἰπεῖν *to say to you, to tell you*

εἰσί *they are*

εἰσίν *they are*

ἐν *in; within*

    ἐν Αἰγύπτῳ *in Egypt*

ἐν τῷ μαγικῷ ἱματίῳ *within the magical cloak*

ἐν τῇ κατὰ Ἀλεξάνδρειαν βιβλιοθήκῃ *in the Library at Alexandria (i.e., in the Library of Alexandria)*

Ῥωμαῖος δὲ ἐν Αἰγύπτῳ ὢν *being a Roman in Egypt*

ἐπί *at, near; in*

ἐπὶ δὲ τοῖς αἰνίγμασιν οὐ χαίρει ὁ Μᾶρκος *Markos doesn't take pleasure in riddles, Markos doesn't like riddles*

ἐπὶ τῷ Νείλῳ *at the Nile*

χαίρει δὲ ἡ Σφίγξ ἐπὶ τῷ αἰνίγματι; *Does the Sphinx take pleasure in the riddle? Does the Sphinx like the riddle?*

χαίρει ἐπὶ *he takes pleasure in, enjoys, likes*

χαίρεις ἐπὶ τοῖς αἰνίγμασιν; *Do you take pleasure in riddles? Do you enjoy riddles?*

χαίρει ἐπὶ τοῖς μαγικοῖς φαρμάκοις *he takes pleasure in magical medicine, he likes magical medicine*

ἐσμέν *we are*

οὐκ ἐσμὲν *we aren't*

ἐστί *is*

οὐκ ἔστι *he isn't*

ἐστίν *is*

μάγος ἐστίν *he is a mage*

φιλάνθρωπος γάρ ἐστιν *for he is kind*

Ζ

Ζʹ *seven*

Η

Ηʹ *eight*

ἡ *the; she, it*

ἡ Ἀλεξάνδρεια *Alexandria*

ἡ δέ· *it (says):*
ἡ Νεῖλος *the Nile*
ἤμην *I was*
ἦσαν *they were*

Θ

θέλει *wants, is wanting*
    οὐ θέλει ἐν Ἀλεξανδρείᾳ εἶναι *he doesn't want to be in*
      Alexandria
    οὐ θέλει τῶν τυχόντων εἶναι *he doesn't want to be ordinary*
θέλεις *you want*
θέλομεν *we want*
    θέλομέν σοι εἰπεῖν αἴνιγμά τι *we want to tell you a riddle*
θέλουσι *they want*
θέλω *I want*

Ι

ἱμάτιον *cloak*
    ἱμάτιόν τι *a certain cloak (i.e., a cloak)*
    τὸ μαγικὸν ἱμάτιον τὸ λανθάνον *the magical invisible cloak*
ἱματίῳ *cloak*
    ἐν τῷ μαγικῷ ἱματίῳ *within the magical cloak*
Ἰταλία *Italy*

Κ

καί *and*
    καὶ χαίρει ἐπὶ τοῖς μαγικοῖς φαρμάκοις *and he takes*
    pleasure in magical medicine, and he likes magical medicine
    τε καί *and also*

τοῖς τε Ῥωμαίοις καὶ τοῖς Αἰγυπτίοις *to both the Romans and the Egyptians*

κατά *at*

ἐν τῇ κατὰ Ἀλεξάνδρειαν βιβλιοθήκῃ *in the Library at Alexandria (i.e., in the Library of Alexandria)*

Λ

λάθρᾳ *secretly*

λανθάνει *is unseen (by), unnoticed (by), invisible (to)*

λανθάνει ὁ Μᾶρκος *Markos is invisible*

λανθάνει δὲ ὁ Μᾶρκος; *Is Markos invisible?*

οὐ γὰρ λανθάνει ὁ Μᾶρκος τούς τε Ῥωμαίους καὶ τοὺς Αἰγυπτίους *for Markos isn't invisible to both the Romans and the Egyptians*

λανθάνειν *to be unseen (by), unnoticed (by), invisible (to)*

βούλεται λανθάνειν *he wants to be unnoticed*

τὸ λανθάνειν *to be invisible*

τούς τε Ῥωμαίους λανθάνειν *to be unnoticed by the Romans*

λανθάνον *invisible*

τὸ μαγικὸν ἱμάτιον τὸ λανθάνον *the magical invisible cloak*

λανθάνουσιν *they are unseen*

λανθάνουσιν δὲ οἱ μαγικοί; *Are magical (people) unseen?*

λέγει *says, is saying, tells, is telling*

λέγει δὲ Αἰγύπτιός τις· *an Egyptian is saying:*

λέγει τῷ Μάρκῳ αἴνιγμα *tells a riddle to Markos*

λέγετε *say! tell!*

αἴνιγμά τι λέγετε *tell a riddle*

λέγουσι *they say, tell*

λέγουσι τῇ Σφιγγὶ *they say to the Sphinx, they tell the Sphinx*

Μ
μάγε *o mage!*
μαγικά *magical*
    τὰ μαγικὰ φάρμακα *magical medicine*
μαγική *magical*
    μαγικὴ γάρ ἐστιν ἡ Σφίγξ *because the Sphinx is magical*
μαγικοί *magical*
    Are magical (people) unseen?
μαγικοῖς *magical*
    χαίρει ἐπὶ τοῖς μαγικοῖς φαρμάκοις *he takes pleasure in magical medicine, he likes magical medicine*
μαγικόν *magical*
    τὸ μαγικὸν ἱμάτιον τὸ λανθάνον *the magical invisible cloak*
μαγικῷ *magical*
    ἐν τῷ μαγικῷ ἱματίῳ *within the magical cloak*
μάγοι *mages*
μάγοις *mages*
    οὐ χαίρουσιν ἐπὶ τοῖς μάγοις *they don't take pleasure in mages, they don't like mages*
    οὐ χαίρουσιν . . . ἐπὶ τοῖς Ῥωμαίοις μάγοις *they don't take pleasure . . . in Roman mages; they don't like . . . Roman mages*
μάγος *a mage (i.e., wizard, sorcerer)*
μάγους *mages*
Μᾶρκε *o Markos!*
Μᾶρκον *Markos*
Μᾶρκος *Markos*
Μάρκου *of Markos, Markos'*
    οἱ δὲ τοῦ Μάρκου γονεῖς *the parents of Markos*
    οἱ τοῦ Μάρκου γονεῖς *the parents of Markos*

Μάρκῳ *to Markos; Markos*
    λέγει τῷ Μάρκῳ αἴνιγμα *tells a riddle to Markos*
    χαίρουσιν . . . ἐπὶ τῷ Μάρκῳ *they take pleasure . . . in*
      Markos; they like . . . Markos
μέν *indeed, truly; on the one hand (this particle shows*
 a correlation between two clauses; sometimes it is not
 translated)
    ἄλλοτε μὲν . . . ἄλλοτε δὲ *sometimes . . . sometimes*
    μὲν . . . δέ *on the one hand . . . but on the other hand*
    μὲν οὖν *therefore on the one hand*

Ν
Νεῖλος *the Nile (River)*
Νείλῳ *the Nile (River)*
    ἐπὶ τῷ Νείλῳ *at the Nile*
νῦν *now*

Ο
ὁ *the; he*
    ὁ δέ· *he (says):*
    ὅ τε Μᾶρκος καὶ οἱ γονεῖς *both Markos and (his) parents*
οἱ *the*
    οἱ δὲ τοῦ Μάρκου γονεῖς *the parents of Markos*
    οἵ τε Ῥωμαῖοι καὶ οἱ Αἰγύπτιοι *both the Romans and the*
      Egyptians
    οἱ τοῦ Μάρκου γονεῖς *the parents of Markos*
ὅτι *that*
    ἀλλὰ χαίρει ὅτι μάγος ἐστίν *but he is glad that he is a mage,*
      but he likes that he is a mage
    χαίρει ὅτι *he is glad that, likes that, enjoys*

χαίρει ὅτι προσφέρει τὰ φάρμακα *he enjoys offering medicine, he takes pleasure in offering medicine*

οὐ *not*

οὐ θέλει ἐν Ἀλεξανδρείᾳ εἶναι *he doesn't want to be in Alexandria*

οὐ θέλει τῶν τυχόντων εἶναι *he doesn't want to be ordinary*

οὐκ *not*

οὐκ ἔστι *he isn't*

οὐκ ἐσμὲν *we aren't*

οὐκ οὖν προσφέρει *therefore he doesn't offer*

οὖν *therefore*

ἄλλοτε οὖν *therefore sometimes*

μὲν οὖν *therefore on the one hand*

οὐκ οὖν προσφέρει *therefore he doesn't offer*

οὗτός *this*

Π

παρορᾷ *ignores, is ignoring*

παρορᾶν *to ignore*

βούλεται τὴν Σφιγγὰ παρορᾶν *he wants to ignore the Sphinx*

παρορᾶσθαι *to be ignored*

βούλεται παρορᾶσθαι *he wants to be ignored*

παρορῶντες *ignoring*

οἱ παρορῶντές *those ignoring, the (people who are) ignoring*

παρορῶσι *they ignore*

οἱ δὲ Αἰγύπτιοι οὐ παρορῶσι τοὺς Ῥωμαίους *and the Egyptians don't ignore the Romans*

παρορῶσιν *they ignore*

παρόψεται *will ignore*

ποταμός *river*
ποταμῷ *river*
 ἐπὶ τῷ Νείλῳ ποταμῷ *at the Nile River*
πρός *at; near*
 πρὸς τῇ Σφιγγί *at the Sphinx*
 πρὸς τῇ Χέοπος πυραμίδι *at the pyramid of Khufu (i.e., the Great Pyramid of Giza)*
προσενεγκεῖν *to offer*
 προσενεγκεῖν τοῖς Ῥωμαίοις *to offer to the Romans*
προσφέρει *offers*
 χαίρει ὅτι προσφέρει τὰ φάρμακα *he enjoys offering medicine, he takes pleasure in offering medicine*
προσφέρειν *to offer*
 βούλεται τὰ μαγικὰ φάρμακα προσφέρειν *he wants to offer magical medicine*
προσφέροντες *offering*
 τὰ μαγικὰ φάρμακα προσφέροντες *offering magical medicine*
προσφέρουσι *they offer*
προσφέρουσιν *they offer*
προσφέρω *I offer*
πυραμίδι *pyramid*
 πρὸς τῇ Χέοπος πυραμίδι *at the pyramid of Khufu (i.e., the Great Pyramid of Giza)*
πυραμίς *pyramid*
 ἡ Χέοπος πυραμίς *the pyramid of Khufu (i.e., the Great Pyramid of Giza)*

Ρ
Ῥωμαία *Roman*

Ῥωμαῖε *o Roman!*
Ῥωμαῖοι *Romans*
   τυχόντες Ῥωμαῖοι *ordinary Romans*
Ῥωμαίοις *to Romans; Roman*
   οὐ χαίρουσιν . . . ἐπὶ τοῖς Ῥωμαίοις μάγοις *they don't take*
   pleasure . . . in Roman mages; they don't like . . . Roman
   mages
   τοῖς Ῥωμαίοις *to the Romans*
   τοῖς τε Ῥωμαίοις καὶ τοῖς Αἰγυπτίοις *to both the Romans*
   and the Egyptians
Ῥωμαῖος *Roman*
   Ῥωμαῖος δὲ ἐν Αἰγύπτῳ ὤν *being a Roman in Egypt*
Ῥωμαίους *Romans*
Ῥωμαίων *of the Romans*
   οὐκ ἐσμὲν . . . τῶν τυχόντων Ῥωμαίων *we aren't of the*
   ordinary Romans (i.e., we aren't ordinary Romans)
   οὐκ ἔστι τῶν τυχόντων Ῥωμαίων *he isn't of the ordinary*
   Romans (i.e., he isn't an ordinary Roman)
Ῥώμη *Rome*
Ῥώμη *Rome*
   ἐν Ῥώμῃ *in Rome*

Σ

σοι *to you*
   σοι εἰπεῖν *to say to you, to tell you*
σύ *you*
   σὺ μάγος Ῥωμαῖος εἶ; *Are you a Roman mage?*
Σφιγγά *Sphinx*
   βούλεται τὴν Σφιγγά παρορᾶν *he wants to ignore the Sphinx*
Σφιγγί *Sphinx*

πρὸς τῇ Σφιγγί *at the Sphinx*
Σφίγξ *Sphinx*
    μαγικὴ γάρ ἐστιν ἡ Σφίγξ *because the Sphinx is magical*

ς
ς΄ *six*

Τ
τά *the*
    χαίρει ὅτι προσφέρει τὰ φάρμακα *he enjoys offering*
      medicine, he takes pleasure in offering medicine
τε *and; both*
    τε καὶ *and also*
    τε . . . καὶ *both . . . and*
    τοῖς τε Ῥωμαίοις καὶ τοῖς Αἰγυπτίοις *to both the Romans*
      and the Egyptians
τῇ *to the; the*
    ἐν τῇ κατὰ Ἀλεξάνδρειαν βιβλιοθήκῃ *in the Library at*
      Alexandria (i.e., in the Library of Alexandria)
    λέγουσι τῇ Σφιγγὶ *they say to the Sphinx, they tell the Sphinx*
τήν *the*
    βούλεται τὴν Σφιγγὰ παρορᾶν *he wants to ignore the Sphinx*
τι *a certain; a, an*
    αἴνιγμά τι *a certain riddle (i.e., a riddle)*
    θέλομέν σοι εἰπεῖν αἴνιγμά τι *we want to tell you a riddle*
    ἱμάτιόν τι *a certain cloak (i.e., a cloak)*
τινες *some*
    Ῥωμαῖοί τινές *some Romans*
    τινές . . . τυχόντες Ῥωμαῖοι *some ordinary Romans*
τις *a certain; a, an*

Αἰγυπτία τις *a certain Egyptian (i.e., an Egyptian)*
μάγος τις *a mage*
Ῥωμαῖός τις *a certain Roman (i.e., a Roman)*

τό *the*

τὸ αἴνιγμα *the riddle*
τὸ λανθάνειν *to be invisible*
τὸ μαγικὸν ἱμάτιον τὸ λανθάνον *the magical invisible cloak*

τοῖς *to the; the*

ἐπὶ δὲ τοῖς αἰνίγμασιν οὐ χαίρει ὁ Μᾶρκος *Markos doesn't take pleasure in riddles, Markos doesn't like riddles*
τοῖς Αἰγυπτίοις *to the Egyptians*
τοῖς . . . Ῥωμαίοις *to the Romans*
τοῖς τε Ῥωμαίοις καὶ τοῖς Αἰγυπτίοις *to both the Romans and the Egyptians*
χαίρει ἐπὶ τοῖς μαγικοῖς φαρμάκοις *he takes pleasure in magical medicine, he likes magical medicine*

τόν *the*

τοῦ *of the*

οἱ δὲ τοῦ Μάρκου γονεῖς *the parents of Markos*
οἱ τοῦ Μάρκου γονεῖς *the parents of Markos*
τοῦ Μάρκου *of Markos, Markos's*

τούς *the*

τοὺς Αἰγυπτίους *the Egyptians*
τούς τε Ῥωμαίους λανθάνειν *to be unnoticed by the Romans*

τυχόντες *ordinary*

τυχόντες Ῥωμαῖοι *ordinary Romans*

τυχόντων *of the ordinary (i.e., ordinary)*

οὐ θέλει τῶν τυχόντων εἶναι *he doesn't want to be ordinary*
οὐκ ἐσμὲν . . . τῶν τυχόντων Ῥωμαίων *we aren't of the ordinary Romans (i.e., we aren't ordinary Romans)*

οὐκ ἔστι τῶν τυχόντων Ῥωμαίων *he isn't of the ordinary Romans (i.e., he isn't an ordinary Roman)*
τῷ *to the; the*
ἐν τῷ μαγικῷ ἱματίῳ *within the magical cloak*
λέγει τῷ Μάρκῳ αἴνιγμα *tells a riddle to Markos*
τῶν *of the*
οὐκ ἐσμὲν . . . τῶν τυχόντων Ῥωμαίων *we aren't of the ordinary Romans (i.e., we aren't ordinary Romans)*
οὐκ ἔστι τῶν τυχόντων Ῥωμαίων *he isn't of the ordinary Romans (i.e., he isn't an ordinary Roman)*

Υ
ὕπαγε *go away!*

Φ
φανεροί *conspicuous (i.e., attracting attention)*
φανερός *conspicuous (i.e., attracting attention)*
φανερῶς *openly (i.e., in public)*
φάρμακα *medicine*
χαίρει ὅτι προσφέρει τὰ φάρμακα *he enjoys offering medicine, he takes pleasure in offering medicine*
φαρμάκοις *medicine*
χαίρει ἐπὶ τοῖς μαγικοῖς φαρμάκοις *he takes pleasure in magical medicine, he likes magical medicine*
φιλάνθρωποι *kind*
φιλάνθρωπος *kind*
φιλάνθρωπος γάρ ἐστιν *for he is kind*
φιλάνθρωπος δὲ ὤν *being kind*

Χ

χαίρει *enjoys, takes pleasure (in), is glad, likes*

 ἐπὶ δὲ τοῖς αἰνίγμασιν οὐ χαίρει ὁ Μᾶρκος *Markos doesn't take pleasure in riddles, Markos doesn't like riddles*

 χαίρει δὲ ἡ Σφίγξ ἐπὶ τῷ αἰνίγματι; *Does the Sphinx take pleasure in the riddle? Does the Sphinx like the riddle?*

 χαίρει ἐπὶ *he takes pleasure in, enjoys, likes*

 χαίρει ἐπὶ τοῖς μαγικοῖς φαρμάκοις *he takes pleasure in magical medicine, he likes magical medicine*

 χαίρει ὅτι *he is glad that, likes that, enjoys*

 χαίρει ὅτι μάγος ἐστίν *he is glad that he is a mage, he likes that he is a mage*

 χαίρει ὅτι προσφέρει τὰ φάρμακα *he enjoys offering medicine, he takes pleasure in offering medicine*

χαίρεις *you enjoy, take pleasure (in), are glad, like*

 χαίρεις ἐπὶ τοῖς αἰνίγμασιν; *Do you take pleasure in riddles? Do you enjoy riddles?*

χαίρουσι *they enjoy, take pleasure (in), are glad, like*

χαίρουσιν *they enjoy, take pleasure (in), are glad, like*

 οὐ χαίρουσιν ἐπὶ τοῖς μάγοις *they don't take pleasure in mages, they don't like mages*

 χαίρουσιν . . . ἐπὶ τῷ Μάρκῳ *they take pleasure . . . in Markos; they like . . . Markos*

χαίρω *I like*

 οὐκ ἐπὶ τοῖς αἰνίγμασι χαίρω *I don't take pleasure in riddles, I don't enjoy riddles*

Χέοπος *of Khufu, Khufu's*

 ἡ Χέοπος πυραμίς *the pyramid of Khufu (i.e., the Great Pyramid of Giza)* πρὸς τῇ Χέοπος πυραμίδι *at the pyramid of Khufu (i.e., the Great Pyramid of Giza)*

Ω

ὤν *being, while being*

Ῥωμαῖος δὲ ἐν Αἰγύπτῳ ὤν *being a Roman in Egypt*

φιλάνθρωπος δὲ ὢν *being kind*

About Storybase Books

Storybase Books publishes books that help beginners learn Latin and Greek by reading.

Our novellas use limited vocabulary to tell engaging stories that are accessible to novice- and intermediate-level readers. Meanings for many words are provided in footnotes and a full index of all words, word forms, and phrases is included in each novella. Readers can thus read each novella on their own, with others, or with a class.

For all of our novellas, tiered readers, and other books, please visit:

www.storybasebooks.com

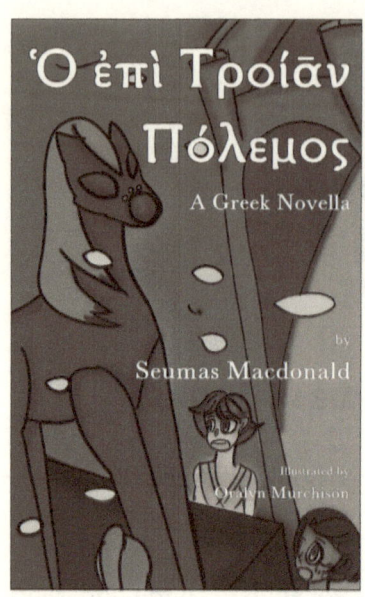

GREEK NOVELLAS

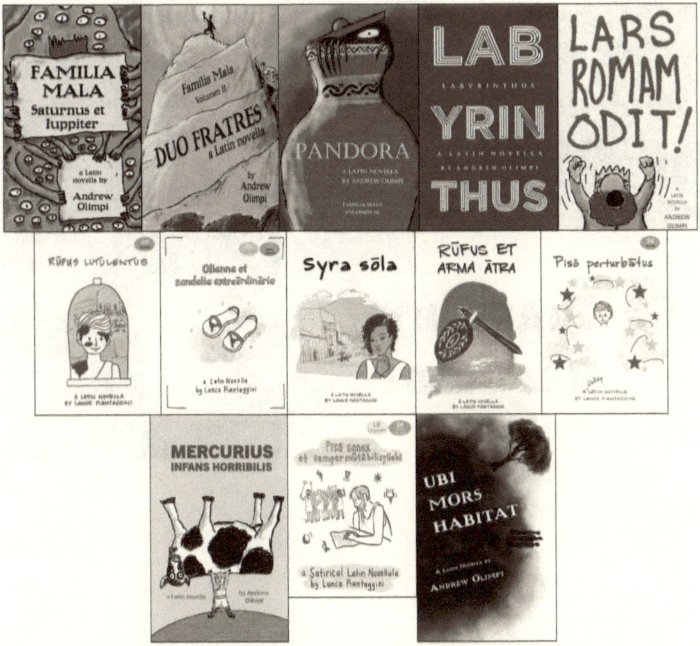

AND LATIN NOVELLAS

LEARN BY READING!

www.ingramcontent.com/pod-product-compliance
Lightning Source LLC
Chambersburg PA
CBHW021131130626
46554CB00002B/958

* 9 7 8 1 9 6 3 4 7 1 8 0 9 *